# B. E. WASNER

# ALPHA & OMEGA = LEBEN!

# B. E. WASNER

# ALPHA & OMEGA = LEBEN / ODER ANFANG  & ENDE ALLE DINGE!

# AUTOBIOGRAPHIE.

Impressum

Bibliografische Information der Deutschen Nationalbibliothek: Die Deutsche Nationalbibliothek verzeichnet diese Publikation in der Deutschen Nationalbibliografie; detaillierte bibliografische Daten sind im Internet über http://dnb.dnb.de abrufbar.

Die automatisierte Analyse des Werkes, um daraus Informationen insbesondere über Muster, Trends und Korrelationen gemäß §44b UrhG („Text und Data Mining") zu gewinnen, ist untersagt.

© 2024 B. E. Wasner

Herstellung und Verlag: BoD – Books on Demand, Norderstedt.
ISBN: 978-3-7386-2708-4

**VORWORT:**

01)  Im Memorandum an meine Mutter Lucy, die viel zu früh dieser Welt verlassen hat. Sie war eine OP Krankenschwester.

02)  Und als Andenken an eine gute und lang jährigen Freund, der leider auch nicht mehr unter uns ist. Er ist am 08. November 2023 nach einem schweren Kampf seiner Erkrankung. Dieses Buch ist auch seiner liebevolle Frau gewidmet.

01.)

Ich bin am 30. März 1953, morgens um 08:10 Uhr in der Osterzeit geboren als Tochter eines US Army Soldaten und eine Krankenschwester. Daher meinen Spitznamen „Bunny =

Hase", in Frankfurt am Main, West Deutschland, Europa.

Es wird gesagt dass man nie ein Satz mit dem Wort "Ich" anfangen sollte, das habe auch ich nicht getan. So jetzt aber kann ich mit den schreiben anfangen. Ich bin ein US Army Kind, manche Leute haben auch "Army Brat" gesagt, mit andern Wörtern, sie hatten anderen Namen für uns Soldaten Kindern gehabt! Mein Vater war der US-Soldat.

R.I.P. Lucy!!!! Ich werde dich ewig lieben!!

* * * * * * * * * * * * * * * * * * * * * * * * * * * * * *

02.)

## Freundschaft???????

Was ist Freundschaft? Wenn zwei oder mehr Personen sich Mögen? Wenn sie sich gut verstehen? Oder wenn diese Personen immer für einander da sind in guten und schlimmen Zeiten?? Wenn man miteinander fühlen kann??

04.11.2023

Ein großes Loch hat sich unter meinen Füßen auf getan, ein schwarzes Loch.

Ein guter und lang jährige Freund von mir kämpft sein letzte Kämpft. Er ist ein Kämpfer, aber wie dieser Kampf endet, weiß nur Gott alleine. Ich bete für ihn und seine Familie und hoffe auf diesen Weg kraft zu geben.

Wir lernten uns kennen 2010. Meinen Interesse auf Internet Chats war zu dieser zeit nicht sehr groß, ich hatte mir schon einige zu dieser zeit gesehen und mir auch einige Web-Radios gehört. Ich war sogar kurzzeitige Modi bei der eine oder anderen, bis es Probleme gab. Das war 2009-2010 in Winter.

Da bin ich durch Zufall in Sommer 2010 in den Chat von noch einem Web-Radio. Die Leute in diesen Chat waren sehr nett und die Musik super. Ein Jahr später hatte ich das große Glück einige von diesen Leuten persönlich kennen zu lernen. Mein Freund war der Gastgeber.

Es war ein unvergessliches Wochenende. Mit einigem von diesen Personen bin ich heute noch gut befreundet.

In Sommer 2011 könnte ich bei einem Grill Wochenende dabei sein als Modi, mit andern aus dieser Chat und Radio. Es war super.

Kurz nach dem Jahreswechsel 2010-2011 bewahrte mich mein Freund davor ein großer Dummheit zu machen, dafür bin ich ihn heute noch dankbar. Es gab einige Momente in unsere Freundschaft wo man heraus fand wer die "wahren" Freunde sind. Wenn ich jemanden brauchte war mein Freund für mich da wenn es möglich war. Ihm war es egal ob ich anders war als anderen, spricht Behindert.

Ich dürfte 3 Jahre lang Modi bei diesen Grill Treffen sein. Das letzte Mal in denn Jahr als ich 60 Jahre alt wurde. In diesem Jahr hatte ich einer großen Überraschung für die Leute als ob ich ahnte dass es mein letztes Treffen sein werden sollte. Es waren tolle Jahren mit euch die ich nie vergessen werde. Danke für diese wunderschöne Zeit und eure Freundschaft.

IN LIEBE EURE HASE!!!

Während der Ersten Vorbereitungszeit zum Buch ist mein Freund verstorben. Seine Frau hatte in Nachruf einen sehr passenden Spruch von einen sehr bekannten Deutsche Dichter.

R.I.P. mein Freund. Ruhe in Frieden.

* * * * * * * * * * * * * * * * * * * * * * * * * * * * * * * * * * * *

**Es bricht mir das Herz wenn ich sehe und höre wie viele Leute aus meinen Freundes- Bekannten- und Familien Kreis an der „Volkskrankheit" Krebs erkrankt sind oder waren. Es ist erschreckend!!**

*** * * * * * * * * * * * * * * * * * * * * * * * * * * * * * * * ***

INHALTSVERZEICHNIS:

KURZBESCHREIBUNG:

STATIONEN MEINES LEBENS:

06.) Mai 1966- Sept. 1969 wieder in Rhonert Park.

07.) Okt 1969- Sommer 1971 Frankfurt am Main.

08.) Sommer 1971- Sommer 1974 in Rülfenrod, Hessen.

08 a. + b) Schulen und Krankenhausaufenthalte.

08 c.) Krankheiten und Kleinigkeiten.

09.) Sommer 1974- Sommer 1975 Isny im Allgaü.

10.) Sommer 1975- Aug. 1980 Lauterbach, Hessen.

**11.) Sept 1980-09. Sept. 2009 Lauterbach, Hessen.**

**12.) 09.Sept. 2009- Heute (2023) Lauterbach, Hessen.**

*************************************

## KURZBESCHREIBUNG:

Ich heiße <u>Berta</u> Edith Wasner geb. Schulz. Mein Rufname ist Berta. Ich bin viel herum gekommen in der Welt. Als ich sechs Monate alt war ging es erst mal in den USA. Einige Jahre später ging es nach Panama ein paar Jahre lang. Da würde ich auch Krank mit Gehirnhautentzündung. Es ist denn Kinderlähmung ähnlich, nur es zerstört viel mehr Gehirnzellen. Von da aus ging es wieder in den USA, nach Kalifornien. Viele Jahre später ging es wieder nach Deutschland für immer.

* * * * * * * * * * * * * * * * * * * * * * * * * * * * * *

**STATIONEN MEINES LEBENS:**

01.) .) Fritz-1923-2013, Lilo-1925-2014, Lucy-1927-1968, Günther-1946- und Kurt (Billy)-1960-1993.

Mein Vater wurde am 31. März 1923 als Drillingsjunge in Stolp, Pommern, Deutschland geboren. (Jetzt gehört Stolp zu Polen.)

Sein Name war Fritz, meine Onkel waren Heinz und Kurt. Als die Jungen in 1925 drei Jahre alt waren, zog die Familie in die USA. Sie zogen nach Conneticut. Nach dem Schulabschluss ging mein Vater zur US-Küstenwache. Seine Gruppe befand sich im Zweiten Weltkrieg auf einem Transportschiff. Mein Onkel Heinz war bei der Luftwaffe, Onkel Kurt war in einer U-Boot-Einheit stationiert.

Irgendwann vor meiner Geburt, was bedeutet vor 1952, war meinen Vater in den Korea Krieg, bis er ein Jahr lang in Gefangenschaft kam. Der Korea Krieg war zwischen 1950 und 1953. Den Jahr in den ich geboren bin. Zwischen April 1966 und Frühjahr 1968 war mein Vater in Vietnam. Und auch da war er in Gefangenschaft. In Frühjahr 1968 als Dad mit den Rang, SP6-E6 endlich in Rente von der Armee ging, hat er über 25 Dienstjahre hinter sich. Kurz danach in April 1968 verstarb meine Mutter Lucy mit grade 40. In dem Jahr am 14. August wäre sie 41 geworden.

Onkel Kurt starb im Zweiten Weltkrieg. Mein Onkel Heinz starb Jahre später. Mein Vater starb als letzter der drei Jungen am 04. Juli 2003, in Alter von 80 Jahren. Nach seinem Tod erfuhr ich, dass er Krebs hatte. So ist das Leben.

* * * * * * * * * * * * * * * * * * * * * * * * * * * * * *

Lilo wurde am 18. August 1925 in Frankfurt am Main geboren.

In Deutschland lebten wir in zwei Wohnungen, die Lilo und ihren Vater gehörten. Lilo und Papa lebten in einer Wohnung, Kurt und ich zusammen mit Opa in der anderen. Lucy, Lilo und Papa kannten sich schon vor meiner Geburt.

Am 20. April 1970 heirateten Fritz und Lilo.

Ich hatte Lilo und ihre Eltern in den 1960er Jahren kennengelernt, aber ihre ältere Schwester Annemarie, die in Kanada lebte, traf ich nie. Nur ihren älteren Bruder Wolfgang, der ebenfalls in Kanada lebte, an den Tag, an dem wir ihren Vater zu Grabe trugen, am 30. März 1976. Richtig, es war an meinen Geburtstag und ich war zu dieser Zeit mit Günther verlobt. Wir haben ein paar Monaten später geheiratet.

* * * * * * * * * * * * * * * * * * * * * * * * * * * * * * *

Meine Mutter Lucy wurde am 14. August 1927 in New York geboren. Da meine Oma Edith arbeiten musste, um die Familie zu ernähren, da der Vater von Lucy nicht da wohnte, wurde Lucy von ihrer Oma (der Mutter ihrer Mutter) großgezogen. Wenn sie etwas getan hat das bestrafft würde, musste sie die Haarbürste selber holen. Und wenn sie nach der Bestraffung nicht danke gesagt hatte, gab es noch einen drauf. Sie war eine ausgebildete Krankenschwester. Bis heute habe ich nur ein einige Bild von ihr in meinen Herzen und im Kopf. Es ist ein Ölgemälde von ihr in ihrer vollen Krankenschwesteruniform. Es hing immer in unserem Flur.

Lucy hatte Krebs, Fritz hatte Krebs und meine Stiefmutter Lilo hatte auch Krebs. Und ich habe es nicht gewusst, ich hatte immer 'Nein' gesagt wenn ich danach gefragt würde.

Nur drei Wochen nach meinem 15. Geburtstag im Jahr 1968 verstarb Lucy im selben Haus wie meine Großmutter Edith acht Jahren zuvor.

Ich habe es auch nach all den Jahren immer noch nicht wirklich verkraftet.

Wir lebten in diesem schönen Haus bis ende September 1969, bevor wir für immer nach Deutschland zogen und das Haus verkauften.

* * * * * * * * * * * * * * * * * * * * * * * * * * * * * * * *

Günther wurde am 31. Juli 1946 in Biberach an den Riss geboren. Er ist das jüngste von 5 Kindern.

Günther und ich haben uns am 06. Dezember 1974 Verlobt und wir haben am 30. Juni 1976 geheiratet. Wir waren sieben Jahre zusammen, dann haben wir uns 1981 scheiden lassen.

Irgendwann danach begann die Ambulante Sozial Station, mir zu helfen.

Wir zogen 1980 in eine andere Straße in der Stadt, in der ich 28 Jahre lang lebte. Ich hatte noch nie zuvor so lange an einem Ort gelebt. Dann, am 11. September 2009, zog ich wieder um in die Wohnung wo ich noch heute lebe. Als ich 2009 umzog, hatte ich meine beiden Maine-Coon-Siamkatzen, die in Mai 2002 geboren wurden natürlich auch mit. 2019 musste ich im Alter von 17 Jahren meinen weißen Kater über die Regenbogenbrücke gehen lassen, er war sehr krank gewesen. Ich hatte auch 2019 eine Operation, als mein Baby krank wurde.

Meine beiden kleinen Jungen wurden in Abstand von zwei Wochen geboren. Ihre Mütter waren Schwestern, sie waren Maine-Coon-Mischlingen. Der Vater war ein reinrassiger Siamkater. Mein weißer Kater hatte wunderschöne blaugrüne Augen. Jetzt habe ich nur noch meinen Multi-Colored-Baby, das im Mai 2023, 21 Jahre alt geworden ist. Wir werden beide alt, aber wir sind immer noch zusammen und das ist es was zählt.

Ich habe nie wieder geheiratet, sondern lebte einfach weiter mit meinen Tieren.

* * * * * * * * * * * * * * * * * * * * * * * * * * * * * * * * *

Mein Bruder Kurt würde am 03. Oktober 1960 in San Francisco, Kalifornien, USA geboren. Sein Namen war damals Billy. 18 Monaten später würde er von meinen Eltern adoptiert und bekam den Namen Kurt George benannt nach seinen verstorbenen Onkel Kurt,

* * * * * * * * * * * * * * * * * * * * * * * * * * * * * * *

02.) 1953-1956 Meine Geburt.

Ich bin am 30. März 1953, in Frankfurt am Main, West Deutschland, Europe geboren. Um 08:10 Uhr in der Osterzeit als Tochter eine Krankenschwester und einen US Soldat der Armee. Als ich 6 Monate alt war, zogen wir in die USA nach Connecticut, wo die große Schwester von meine Vater lebte. mit ihren Familie. Der Name von meiner Tante war Edith. Da kommt wohl meinen Mittel Namen. Meine Oma mütterlichen seit's und meine Mutter hießen auch Edith. Die Mutter meines Vaters hieße "Bertha".

Meinen Rufnamen <u>Berta</u> bekam ich von meiner anderen Oma. Meine Oma wollte dass ich Berta ohne (h) heiße. Das hatte sie auch ihren Sohn Fritz, (meinen Vater) gesagt. Wir wohnten in Connecticut bis 1956.

# 03.) 1956-1959.

Bild 1-Vor 1958

In 1956 sind wir an den Panama Kanal gezogen, wo ich 1958, im Alter von ca. 5½ Jahren
an Gehirnhautentzündung erkrankte. Die Er-

krankung ist fast wie Kinderlähmung, nur viel schlimmer weil dieser Krankheit die Gehirnzellen ganz tief im Kopf angreift und für immer kaputt macht. Zu der Zeit als ich krank wurde, hat man fast nichts gewusst darüber außer dass es verschiedene Varianten gab, und das es fast immer tödlich ausgeht. Wir waren fünf Kindern die gleichzeitig krank würden. Die einzige die es überlebt hat bin ich, obwohl ich sieben Wochen Blind war, obwohl ich ein Luftröhrenschnitt hatte mit einen Beatmungsschlauch um Luft zu bekommen, trotz der Tatsache das ich von Hals abwärts total Gelähmt war. Man hatte mich ins Sterbezimmer gebracht, und gesagt das Kind wird nicht mehr langes Leben. Trotz all die Medikamenten die ich bekommen habe. Da sah ich schon das Licht am ende der Tunnel, und war fast da; konnte die warme spuren, dann würde ich ins Leben zurück gezogen mit sechs Jahren, aber nicht als das gesunde Kind das ich einst war das sogar schon Lesen & Schreiben könnte. Nein ich kam zurück als ein neu geborenes das nicht mal den Kopf hoch halten kann oder einen festen Wirbelsäule hat, sondern wie ein Baby das alles erst lernen muss was es zum Leben braucht. Weil die Liebe eine Mutter stärker was als der Tod. Gott hat mich zurück geholt, mich zum zweiten Mal geboren.

In 1959 ging es dann nach San Francisco, Kalifornien, USA. Da hatte mal ein Arzt zu meine Mutter gesagt als ich grade 6 Jahre alt war, "Das Kind wird nie mehr in leben laufen, es wäre besser wenn sie Tot wäre." Ich habe denn Arzt bewiesen dass er unrecht hatte. Etwas später sagte mein Vater zu mir, "wenn du nicht anfängst dein rechter Hand ebenso zu benutzten wie der Linker Hand, hole ich den Axt und hackt im ab, dann braucht du nicht mehr. Also habe ich gelernt denn Hand zu benutzten.

04.) 1959-Silvester 1962.

1960 kam ich in die Schule und hatte in den ersten zwei Jahren Unterricht und Krankengymnastik zusammen auf den Stundenplan. 1962 war ich in die 3te Klasse und wollte nicht mehr zu Schule gehen, meine doofe Lehrerin wollte das wir alle perfekt Schreibschrift können, und ich war froh das ich wegen meine Behinderung grade eben Blockschrift könnte. Da würde ich in die zweite Klasse zurückversetz. Das beste was mir passieren könnte.

1960 ist meine eine Oma in Kalifornien gestorben.

05.) Silvester Abend 1962-April 1966.

Am Silvester 1962 sind wir nach Frankfurt/Main geflogen. Wir haben in Gießen bis 1966 gewohnt. Wo ich in der Amerikanische Schule ging. 1963, von den dritten Klasse bis zum zechten Klasse in April 1966.

06.) Mai 1966- Sept. 1969.

In Sept. 1966 bis Juni 1969 war ich drei Jahre lang, von den siebten bis zum neunten Klasse der Junior High School. In 1969 ging ich ein

Monat lang in der zehnte Klasse Senior High School.

07.) Okt 1969- Sommer 1971.

In 1969 gingen wir endgültig zurück nach Deutschland. In April 1970 haben mein Vater und meinen Stiefmutter Geheiratet.

Ca. 1970

1970-1971 ging ich auf die Peter-Peterson- Grund- Haupt- und Real- Schule in die achte Klasse Hauptschule. Ich war zu dieser Zeit 17 Jahre alt und hatte kein Interesse in Jungs. Stattdessen habe ich mit meine Lehrerin unter- halten über die unterschieden in den Schulsys- temen USA und Deutschland. Von meinen Vater habe ich zu hören bekommen, ich wäre eine Schlampe, eine Hure, ein Bitch und ich sei Les- bisch. Aber an der anderen Seite sagte er: "Wenn du mir mit ein Kind in Wanst heim kommst, bringe ich dich um!" Das ist kein Witz, ebenso wenig wie das mit der Axt und mein Hand als Kind.

Ich war eine Zeitlang später erst in die Ame- rikanische Psychiatrie in Frankfurt /Main, danach in der Landes Psychiatrie Krankenhaus, in Gießen, wo mein Vater nach ein paar Monaten erst mal mir vorgeworfen hatte ich hätte versucht in meine Kindheit mit Rattengift meine Familie umzubringen. Dann machte er mich für den Tod meine Mutter verantwortlich, indem er sagte, wenn ich damals mit sechs Jahren gestorben wäre, wurde meine Mutter noch Leben! Das war in der 1970'er Jahren.

# 08.) Sommer 1971- Sommer 1974.

1974

1974-1975 ging ich nach Isny, Allgäu wo ich meine Berufsausbildung zu Büropratikerin gemacht hatte und wo ich mich am Nikolaustag, 06. 12, 1974 mit den Herr Wasner Verlobt hatte. Zwei Jahren später, am 30. 06. 1976 war der Hochzeit. Wir waren sieben Jahren zusammen, bis zum Scheidung 1981. Ich heiße Wasner geb. Schulz.

08 a. + b.) Schulen & Krankenhausaufenthalten:

Ich war in zu vielen Schulen als Armee-Gör, der ständig umherzog. Nur in Deutschland konnte ich als Kind einige Jahre zur Schule gehen. Ab der zweiten Hälfte des 3. Klasse im Jahr 1963 bis zur 6. Klasse. Klasse im April 1966. Zurück in Kalifornien besuchte ich ab der 7.

Klasse alle drei Jahre die Junior High School.
Klasse bis 9. Grad. Bevor ich dann für immer
nach Deutschland zurückkehrte, besuchte ich
die 10. Oberstufe. 1969 war ich einen Monat
lang in der Schule. Das nächste Mal, als ich
wieder zur Schule ging, war es im Schuljahr
1970-1971 in Deutschland.

Schulen:

1960- Juni 1962 Steel Lane Anx. Santa Rosa
und Steel Lane School:

Sept- 1962- Weihnachten 1962 Rhonert Park
Elementry:

Jan. 1963- Juni 1964 Gießen American
Elementry:

Sept, 1964- April 1966 Miller Hall:

Sept. 1966- Juni 1969 Rhonert Park Junior

High School:

Sept. 1969 Rancho Cotati Senior High

School:

1970- 1971 Peter-Peterson-Grund- Haupt-&

Realschule:

1974- 1975 Stephanuswerk, Isny, Allgäu:

Ab ca. 1980 Volkshochschule:

Spanisch, Englisch & Französisch.

Krankenhausaufenthalte:

1958- wegen meiner Erkrankung mit total

Lähmung und Luftröhrenschnitt.

1959- Armee Krankenhaus, San Francisco, USA das gleiche.

1970er Jahren:

1973- Huft- Leiste- und Spitzfuß- OP in Gießen.

1976- Blinddarm OP. Schleimbeutelentfernung beide Ellenbögen.

1980er Jahren:

1985- Gebärmutterentfernung.

1980er & 1990er Jahren zwei Blassen OP's.

2003- Blassen OP Nr. drei.

Und bis jetzt letzten OP 2019 Stoma.

* * * * * * * * * * * * * * * * * * * * * * * * * * * * * * * *

8 c.)

**Krankheiten und Kleinigkeiten:**

Wir verkauften unser Haus in Kalifornien und flogen im Oktober 1969 von San Francisco nach Frankfurt am Main in Deutschland, über Los Angeles und New York. Wir lebten bis 1971 in Frankfurt und zogen dann in den Norden von Frankfurt, wo meine Eltern in einem sehr kleinen Dorf ein Haus mit nur 21 Familien und etwa 100 Personen, einem kleinen Laden, eine Feuerwehr, einen Postamt, einen kleinen Hotel mit Gasthof und ein Gutshof.

Ich habe von 1971 bis 1974 in diesem Dorf gelebt. In dieser Zeit musste ich für einige Monate ins Krankenhaus. Ich hatte Probleme. Dort habe ich auf die harte Tour gelernt, Menschen nicht zu vertrauen. Nachdem ich bereits im Krankenhaus der US-Armee auf der Station für Nervenkrankheiten war und mit Medikamenten aufgepumpt wurde, die nicht von der ärztlichen Verordnung stammten. Der medizinische Assistent der Station dachte einfach, er könnte mich wie ein GI-Mädchen behandeln, und um mich ruhig zu halten, wie er es nannte, gab er mir dreimal 3 Valium 10/Tag = 9 Valium jeden Tag vor jeder Mahlzeit. Eines Tages wollte ich sie nicht nehmen, also stand ich Schlange wie alle Leute aus dem Krankenhaus, denn in dieser Kantine isst jeder, der nicht im Bett bleiben muss. Ich sagte: „Nein, ich will die Medikamente nicht. Das war das erste und letzte Mal, dass ich das gesagt habe." Als wäre ich ein ungehorsamer GI, zog er mit einem Ruck meinen Kopf zurück auf meinen Hals, steckte mir die Medikamente in den Mund und drückte sie mir mit dem Finger in den Hals, sodass ich fast erstickte. Das ließ alle in unserer Nähe nach Luft schnappen, denn ich war kein GI-Mädchen, sondern nur ein ziviles Kind, kaum volljährig, also 21 Jahre alt. Einer der GIs aus meiner Station berichtete dem Stationsarzt kurz nach anderen Vorfällen, dass ich täglich dreimal 3 gelbe Valium 10- Medikamente vom Sanitäter GI bekam. Der Doktor tobte!

Er war so wütend, dass er andere GIs befragte, bevor er mich fragte ob es wahr sei, was er gehört hatte? Ja, das ist es, sagten sie traurig. Und dieser Sanitäter war ein „Bulle" von einem Kerl. Niemand kann ihm so leicht widerstehen. Trotzdem begann der Arzt, nachdem er mich angerufen und eine Weile geredet hatte, um diesen Kerl an einen anderen Ort zu verlegen, dabei zu helfen, mich „sauber" zu machen. Diesmal gab er den Befehl, mir über eine Woche hinweg dreimal täglich 2 Valium 10 zu verabreichen. Dann würde er prüfen, ob er noch mehr weg könnte. Zu diesem Zeitpunkt wurde ich von den Medikamenten nie müde, zum Beispiel durch Schlafwandeln, sondern reagierte nur langsam. Als ich aus dem Krankenhaus nach Hause kam, hatte ich nur noch 1 Tablette Valium 10. ein Tag. Zu Hause gab mir mein Vater die Medikamente vor dem Frühstück. Armer Vater, weil die Medikamente gelb sind, wollte mein Vater mir weismachen, dass ich Vitamin A 1 nehme, sie sind auch gelb. Natürlich wusste ich es besser, sagte aber nie etwas. Ich habe sie einfach mutig angenommen. Dann kam der Tag, an dem ich zur Untersuchung zu einem deutschen Nervenarzt musste. Wie jeden Tag habe ich meine Medikamente vor dem Frühstück eingenommen, plötzlich ruft meine Mutter aus dem hinteren Teil des Hauses: „Gib ihr die Medikamente heute nicht." Ich habe gerade zurückgerufen: „Zu spät." Der Gesichtsausdruck meines Vaters war unbezahlbar! An diesem Tag sollte ich mich einem Gehirntest unterziehen, und es war das erste Mal seit ich Valium 10 einnahm, dass ich schläfrig wurde. Ich konnte meine Augen kaum offen halten.

Meine Eltern redeten so viel, dass der Arzt, der den Gehirntest durchführen wollte, sie beide aus dem Zimmer schickte und dann sagte: „Was ist los?" Meine Antwort war zuerst „Entschuldigung ". Dann erzählte ich ihm, dass ich im Krankenhaus der US-Armee dreimal täglich dreimal Valium 10 ohne ärztliche Anordnung eingenommen hatte, weil der medizinische Magen-Darm-Trakt mich ruhig halten wollte. Jetzt, mit der Hilfe der Ärzte über Wochen, habe ich nur noch eine Tablette übrig. eines Tages morgens. Mein Vater gibt mir auch heute die Medikamente, bevor meine Stiefmutter ihn davon abhalten konnte. Sie sagte, gib ihr die Medikamente nicht. Und ich sagte, zu spät. Aber das ist das erste Mal, dass ich sie nehme, dass ich müde bin." Um den Test zu beenden, rief der Arzt seinen Assistenten an und sie öffneten mir die Augen mit Klebeband. Als alles erledigt war, sagte der Arzt nur, dass wir es vielleicht tun müssten Wiederholen Sie den Test in ein paar Wochen, wir warten einfach ab. Er hatte notiert, dass ich am Morgen vor dem Test 1 Tablette Valium 10 erhalten hatte.

Nach einiger Zeit ging ich freiwillig und nicht gesetzlich in die Deutsche Nervenklinik. Während ich dort war, halfen sie mir, in ein anderes Krankenhaus zu gehen, um mein rechtes Bein und meine Hüfte operieren zu lassen. Dieses Krankenhaus schickt mich zu einem Augenarzt, um eine neue Brille zu bekommen, und zu einem Zahnarzt, um meine Zähne reparieren zu lassen. Nachdem mein Bein und meine Hüfte in Ordnung waren, war ich zurück im Nervenkrankenhaus.

Ja dieser Chefarzt, auf dessen Station ich war, ist der Grund dafür, dass ich niemandem mehr vertraue. Einmal erzählte ich ihm in einer Besprechung alles, was mich beunruhigte, und vertraute darauf, dass der Arzt mit niemandem darüber reden würde, ohne vorher mich zu fragen. So wie es ist, Scheiße passiert!!!! Und das war das Ende dafür, dass ich niemandem mehr vertrauen konnte, egal wer es war. Aber vor allem: Ich traue den Ärzten nicht!

Manchmal brauche ich Monate, um jeman-
dem zu vertrauen, anderen vertraue ich nach
Jahren nicht einmal mehr.

Eines Tages rief dieser Chefarzt meine Eltern
zu einem Treffen mit mir zusammen. Der Doktor wies sogar die Ärztin, die dieses Büro mit
ihm teilte, für das Treffen aus dem Büro aus.

Als sie das Zimmer verließ, sagte sie zu mir:
Wenn Sie mich brauchen, bin ich gleich am En-
de des Flurs im Büro der Krankenschwester.
Kommen Sie, wenn Sie mich brauchen.

Nun, da waren wir vier. Die Chancen standen
gegen mich, 3/1. Dann schlug die erste Bombe
ein! Der Arzt erzählte meinen Eltern alles, was
ich ihm gesagt hatte! Mit etwas veränderten

Worten. Ich schätze, er dachte, ich würde das nicht bemerken. Dann kam die nächste Bombe! Diesmal sagte mein Vater, ich hätte als Kind versucht, meine Familie mit einem Kuchen zu vergiften. Dass meine Mutter meinetwegen so viel geraucht hat, dass sie an Lungenkrebs erkrankt ist und daran gestorben ist. Dann rief ich zum ersten Mal bei diesem Treffen „STOP!" Du hast mir immer erzählt, dass Lucy einen Herzinfarkt hatte!! Ja, das und Krebs auch. Du weißt, dass das gut ist, sagte er. Aber ich hatte es nicht gewusst. Dann setzte er noch den Schluss mit den Worten: „Wenn du nicht wärst, würde deine Mutter heute noch leben." Du hättest als Sechsjähriger sterben sollen, als du so krank warst. Dann sagte mein Vater auch, ich hätte

das Haustier, das sie in der Pflege hatten, ver-
giftet, als sein Besitzer in Urlaub war.

Dann kam meine Stiefmutter auf die Dinge, die passiert waren, wie sie sagte und dass ich derjenige war, der diese Dinge getan hatte.

Das war alles zu viel für mich. Ich stand von meinem Platz auf und verließ den Raum, ohne ein Wort zu irgendjemandem zu sagen, sondern knallte die Bürotür so fest zu, dass alle Fensterscheiben im Aufenthaltsraum und auch die Türen zitterten. Ich ging zum Büro der Krankenschwester, klopfte an die Tür und brach in den Armen der Ärztin zusammen, als die Tür geöffnet wurde. Ich konnte nur sagen: „Er hat ihnen alles erzählt, sie geben mir auch die Schuld."

Ich zitterte wie ein Blatt, totenbleich, mein Herz raste und ich fror.

Die Ärztin bat eine Krankenschwester, ihr zu helfen, mich auf dem Sofa zu bringen und dann ein paar Decken zu holen. Sie bat die andere Krankenschwester, ihr bitte zwei Spritzen vorzubereiten, eine um meinem rasenden Herzen zu beruhigen  und eine um mir bei Bedarf später beim Einschlafen zu helfen, sowie eine Kanne Camille-Tee, um mich ebenfalls zu beruhigen . Dann wünscht sie sich noch zwei weitere Wünsche: Erstens möchte ich mit ihr allein sein, wenn Tee und Spritzen fertig sind und ich das sie das Telefon auf das Büro der oberen Krankenschwester umstellten und eine Nachricht hinterlassen, dass ihr, die Krankenschwestern oben sind, die Vorhänge vor den Fenstern des Büros schließen und das Schild an der Tür anbringen, auf dem steht: „NICHT STÖREN!" Und zweitens, zu versuchen, eine Frau zu finden, die bereit ist, die Station mit ihr zu tauschen. Jemanden der nach oben geht, damit ich nach unten zu ihrer Station kommen kann. Sie sagte, ich brauche jetzt Ruhe, um mich zu beruhigen. Die Ärztin wollte mich unbedingt unten auf ihrer Station haben. Bis zu diesem Zeitpunkt war ich auf „seiner" Station. Die Ärztin war die einzige Person im gesamten Krankenhaus, der ich wirklich vertraute. Nun, es dauerte nicht so lange, eine Frau zu finden, die bereit war der Station mit mir zu tauschen. Diese Frau hatte eine gute Freundin in Obergeschoss, die sie nur besuchen konnte. Durch den Tausch mit mir könnten sie die ganze Zeit zusammen sein. Der Tausch erfolgte am Nachmittag und ich befand mich auf den neuen Station.

Die Ärztin gab mir die erste Spritze und blieb in meiner Nähe, bis ich ruhig wurde, dann legte sie weitere Decken um mich und ging zum Schreibtisch, um einige Arbeiten zu erledigen, die sie aus dem Büro mitgebracht hatte, als sie es verlassen musste. Um die Zeit des Abendessens ging es mir etwas besser, aber die Krankenschwestern brachten uns trotzdem das Essen ins Büro .

Damit ich nicht wieder nach Hause fahren muss, haben sie mir geholfen, zu diesem Berufslernzentrum für Menschen mit Behinderung in Isny im Allgäu zu kommen.

09.) Sommer 1974- Sommer 1975.

1974, jetzt bin ich in diesem Berufsbildungszentrum für behinderte Menschen. Nicht allzu weit von hier, nur wenige Stunden entfernt, liegt der Bodensee. Ich weiß, ich höre mich verrückt an. Seine Grenzen liegen an 3 europäischen Ländern.

In den ersten Wochen habe ich neue Freunde gefunden und ein Testprogramm namens „Probezeit" durchlaufen. Ich konnte viele Arten von Jobs und Schulungen durchlaufen, um herauszufinden, welcher Job für mich am besten geeignet war. Geht es um die Arbeit mit Holz oder

um Büroarbeiten, um Dinge rund um Elektroge-
räte und Elektronik? Eisenbahn- oder Werken.
Wenn es so gelaufen wäre wie meine Stiefmutter wollte, wäre ich direkt zum Büroarbeit über-
gegangen. Sie war selbst Büroangestellte gewesen. Aber der Dekan dieses Ortes sagte:
„STOP!" Lassen Sie das Mädchen das 6-wöchige
Berufstestprogramm absolvieren, und dann teilt
es sich immer noch, wohin es gehen möchte,
um einen Beruf zu erlernen. Nach dieser 6-
wöchigen Berufsausbildung ging ich zum Büro
gruppe, weil ich es war, der aus freien Stücken
auf diese Weise lernen wollte, und nicht, weil
meine Stiefmutter wollte, dass ich dorthin gehe.
Diese Berufsausbildung dauerte bis zum Sommer 1975.

1974-1975 ging ich nach Isny, Allgäu wo ich meine Berufsausbildung zu Büropratikerin gemacht hatte und wo ich mich am Nikolaustag, 06. 12, 1974 mit den Herr Wasner Verlobt hatte. Zwei Jahren später, am 30. 06. 1976 war der Hochzeit. Wir waren sieben Jahren zusammen, bis zum Scheidung 1981. Ich heiße Wasner geb. Schulz.

10.) Sommer 1975- Aug. 1980

Im Sommer 1975, die Berufsausbildung ist vorbei, ich habe einen Abschlussbericht erhalten der besagt, dass ich 75 von 100 % der Punkte erreicht habe, die man bei der Abschlussprüfung erreichen kann. Nachdem ich in die Stadt gezogen war, in der ich noch heute lebe, begann ich zu arbeiten.

Ich kam 1975 nach Lauterbach. Und ich war in das Mutter-Kind Haus =Haus am Kirchberg bis 1977.

Ich lebte in einen Mutter-Kind-Haus. Ich war die einzige Frau dort ohne Kind da ich nicht von Jugendamt kam. Dabei handelte es sich hier hauptsächlich um eine Heimbetreuung für minderjährige Mädchen, die bereits ein Kind haben oder die Schwanger sind und aus irgendeinem Grund nicht zu Hause bleiben können. Auch einige ältere Frauen waren mit den Kindern dort, weil sie von ihren Partner misshandelt wurden.

In dieses Heim werden die Kindern Tags über betreut, damit die Mädchen und Frauen zur Schule oder zur Arbeit gehen können. Eine der Frauen war Krankenschwester in unserem

Stadtkrankenhaus. Die jüngeren Mädchen können so die Schule abschließen oder einen Beruf
erlernen. Einige von ihnen, wie auch ich, arbeiten in Räumen des Mutter-Kind-Hauses, in einem Gebäude das zu einer BMW-Autohaus gehört. Ich habe dort ein paar Jahre gearbeitet.
Anschließend arbeitete ich einige Jahre in einer
Werkstatt für behinderte Menschen. Danach
war ich arbeitslos bzw. arbeitssuchend und
suchte mehr als 11 Jahre lang nach Arbeit wegen der Rente. Etwa 1988 ging ich dann wieder
in die Behindertenwerkstatt, nachdem ich den
Führerschein gemacht hatte, dieses Mal bis
September 1996 in meiner Heimatstadt. In diesem Jahr bekam ich meine Erwerbsunfähig-
keitsrente, ( Behindertenrente).

Später ging ich von Montag bis Freitag in die Tagesstätte der Vogelberger Lebensräume. Ich habe noch den alten grauen Lappen mit der alten Führerschein Klasse 5 für Mofas mit 50 PS Motor.

1976:

In diesen Zeitraum haben wir geheiratet am 30. Juni 1976, nachdem wir seit 06. Dezember 1974 Verlobt waren. Manche Leute hätten nicht einmal gedacht, dass wir länger als ein paar Monate zusammen sein würden. Es ist nun 49 Jahre her dass ich mich verlobt habe. Wir waren 7 Jahre lang zusammen, bis 1981. Ich lebte noch über 28 Jahre lang mit meinen Tieren in derselben Wohnung. Ich habe dort bis zum 09. September 2009 gelebt, bis ich mit meinem im

Mai 2002 geborenen zwei Katern in die neue Wohnung zog, wo ich noch heute lebe. Mein liebevoller alter Mann ist noch bei mir. Mein Andere Baby Boy ging vor 4 Jahren über die Regenbogenbrücke.

11.) Sept 1980-1996

Ich habe auch einige Jahren in der WfB =Werkstatt für Behinderte in Herbstein/Hessen gearbeitet. Ich war auch mal 11 Jahre lang arbeitslos beziehungsweise arbeitssuchend gewesen. Irgendwann ca. 1988 war ich wieder in der REHA Werkstatt für Behinderten Menschen in Lauterbach bis 1996. Da ging in Erwerbsunfähigkeit Rente und in die Tagesstätte der Vogelberger Lebensräume. Das ist eine Tages Betreuung von Montags-Freitags. Da war ich bis

Sept. 2009. In September 2009 bin ich innerhalb von Lauterbach umgezogen und ich bin wieder in der REHA Werkstatt probeweise gegangen. Etwas später bin ich wieder ganz in der REHA Werkstatt gewesen, bis ich ca. 2018 ganz weg ging da ich das Rentenalter hatte. In dieser Zeit ab den 1980iger Jahren in das Betreutes Wohnen. Ich hatte eigne Betreuern in dieser Zeit bis 1994 der letzte Betreuer kam der mir auch heute noch hilft wenn nötig, obwohl ich seit Jahren nicht mehr in das Betreutes Wohnen Programm bin. Er hatte mich etwas 25 Jahre betreut ehe ich in Rente ging. Wir sind auch heute noch gute freunde. Eine Weile war ich in der WfB= Werkstatt für Behinderten, Herbsteln, dann da wo ich jetzt Wohne, war ich seit 1996

in der Tagesstätte, und 2009 für ein paar Jahren in der Werkstatt für Behinderte zurück.

**1980**

Ca. 1980

## 1985

1985 habe ich denn Führerschein gemacht, und bin ca.25 Jahre lang Auto gefahren. Seit Jahren bin ich jetzt zuhause, und seit ca. 1 ½ Jahren an den Rollstuhl fest gebunden. Ich kann nicht mehr stehen, von laufen ist gar keine Rede mehr.

* * * * * * * * * * * * * * * * * * * * * * * * * * * * * * *

Mitte der 199....iger Jahren.

ALLES NUR THEATER!! = 199......

AKT (I) SO EBBES! /

ODER: NA SO WAS?

R & K: Entschuldigung, ist hier noch ein Platz frei?

W: Ja, setzen sie sich ruhig! Kennen wir uns nicht?

R: Nein, ich glaube nicht. Wir Wohnen im Maisen del Rent, aber freitags gehen wir beide hier immer Kaffee trinken.

W: Ich bin in eine Tageseinrichtung.

R: Ach, da gibt es doch einen Zivi, oder?

W: Ja.

R: Wir haben auch einen, aber unseren Zivi ist Fürchterlich!

K: Oh Gott, Oh Gott, so Fürchterlich!

W: Warum Fürchterlich?

R: Der ist sowas von Unpünktlich! Jeden Morgen kommt er zu spät!

W: Ach, unsere Zivi kommt immer pünktlich, aber dann Schläft er in der Tageseinrichtung ein!

K: So Ebbes!

R: Dann ist unseren immer irgendwo unterwegs, der ist nie da wenn man ihn braucht.

W: Unsere Zivi ist immer da, nur er ist laufend am Spielen, Karten oder sonst noch was.

K: So Ebbes!

R: Unsere Zivi kaut immer Kaugummi, so.......

W: Unsere Zivi leckt immer Wassereis, so........

K: Igitt! Igitt!

R: Unordentlich ist unseren Zivi auch, sowas von Unordentlich!

K: Oh Gott, Oh Gott!

W: Das kann man von unseren Zivi nicht sagen der ist sehr Ordentlich, nur seine alten Turnschuhe fliegen immer irgendwo rum.

K: So Ebbes!

R: Immer hat er eine Kappe auf, sogar beim Essen immer!

W: Unsere hatte sooo..... lange Zöpfe, und jetzt, Kahlschlag!

K: So Ebbes!

R: Alles muss man Ihn zweimal sagen!

W: Das braucht man bei unseren nicht, den muss man alles zweimal aufschreiben!

K: So Ebbes!

R: Und vergesslich, alles vergisst er!

W: Unsere Zivi vergisst nie was, na ja nur mich manchmal an der Sparkasse, da warte ich dann Stundenlang.... Tagelang.... Wochen-lang.....!

<u>P A U S E</u>

W: Ich werde unseren Zivi nie vergessen!!!

R&K: So einen Zivi hätten wir auch gerne ge-habt!

ENDE

Akt II. Weihnachtsfeieraufführung 199.....

**TOD DER MOMARCHIE- TEIL I**

**DAS ENDE EINER UNGLÜCKLICHEN LIEBE!**

Prinzessen mit Zofe:

Prinzessin: Mach mich schön, mein geliebter (Prinz Ali) kommt gleich. Wie lange kann ich es noch vor die Königin geheim halten?

Zofe: Nicht mehr lange sagt Sie; und zieht an den Haaren der Prinzessin. AUWAH!!

Prinz Ali tritt ein: Meine geliebte Prinzessin, noch heute werde ich um dein Hand anhalten bei deiner Mutter, die Königin!

Prinzessin: Darauf habe ich schon lange ge-wartet, mein Prinz.

Königin & Prinz K. treten ein:

Königin: Das wird dein zukünftiger Gemahl.

Prinz K.: Nächste Woche ist Hochzeit!

Prinzessin: Nein, ihn will ich nicht! Ich liebe einen anderen!

Prinz Ali.: Ich will Sie haben, und wenn ich dafür sterben muss.

Prinz K.: Dann sollen die Waffen entscheiden. Ich fordere euch zum Duell.

Königin: Lässt den Sekundant kommen.

Sekundant kommt auf die Bühne: Wählt die Waffen! (Er stellt sie Rücken an Rücken und zählt bis 5). Sie zielen aufeinander. Prinz K. erschießt Prinz Ali. und Prinz Ali. erschießt mit seinem letzten Atemzug die Königin.

Die Prinzessin schreit: Du hast meine Geliebten getötet! Und greift nach ihrer Pistole. Sie erschießt Prinz K.

Die Zofe wartet und entwendet die Pistole der Prinzessin und sagt, "Das ist dafür, dass ich dir so lange bedienen müsste!" Sie brennt mit dem Sekundanten durch!

ENDE

Akt III. THEATERSTÜCK II 199......

TOD DER MONARCHIE TEIL II

DAS ENDE NOCH EINE UNGLÜCKLICHER LIEBE!

DARSTELLER:

KÖNIG WOLFRAM:

KÖNIGIN MARIE-KRISTIN:

PRINZESSIN AYLYA:

ZOFE BEATRICÉ:

PRINZ EISENHERZ:

RITTER KUNIBERT:

KNAPPE ROBIN:

"Siehet da meine Königin, mein König, es nä-
heren sich drei Reitern unseren Schloss!

Wisst ihr wer die Reiter sind, mein König?"
"Yeh, es ist Prinz Eisenherz & Ritter Kunibert

mit seinen Knappen Robin. Die Festlichkeiten können beginnen!"

Prinz Eisenherz zu Ritter Kunibert,"Ich bin gespannt auf die Prinzessin, wir sind schon von Kindesbeinen an, einander Versprochen!" In Wirklichkeit denkt er 'Oh mein Gott, wäre es nur schon alles Vorbei.' "Ist Euer Braut schön?" Fragt Ritter Kunibert, den im Gedanken versunkenen Prinzen. "Ihr wisst dass seid nicht einfach zu sagen. Beurteile es selbst!"

In der Zwischenzeit: Prinzessin Aylya sitzt traurig in ihrer Kammer, und weiß nicht recht was Sie tun soll. Sie erschrickt als die große Holztür aufgetan wird, und ist erleichtert dass es nur Ihre Zofe ist. Diese bemerkt sofort, dass etwas nicht stimmt! "Was betrübt dich so mein Kind?" Fragt sie angetan.

"Es ist nur mein Herz; das so Schmerzt!" Gibt die Prinzessin abwesend zu. "Ich kann sehr gut verstehen, wie es Ihnen ergeht. Aber ihr müsst einsehen, dass Ihr nichts gegen die Heirat mit Prinz Eisenherz unternehmen könnt.' 'Ich weiß Beatrice, aber warum können meine Eltern nicht einsehen, dass ich diesen Prinzen nicht liebe! Er liebt mich ebenso wenig!" Klagt die Prinzessin der Zofe, mit der sie über alles reden kann. "Ihr müsst aber ebenso bedenken, dass dieser Heirat sehr wichtig für den Frieden in den benachbarten Königreichen ist. Ihr seid dem Prinzen versprochen und wenn es zu einem Bruch des Versprechens kommen sollte, wird nicht von einem Krieg abzusehen sein!" Versuchte die Zofe zu erklären. "Ich liebe nun mal Robin." Gab die Prinzessin frustriert von sich."Und dagegen kann niemand etwas tun! Er ist aber nur ein einfacher Knappe. Er ist im Auge des Gesetzes Euer nicht würdig!" Die Zofe kocht innerlich, weil sie ebenfalls in den hübschen Knappen verliebt ist und es Prinzessin Aylya auf kleinster Weiße gönnt, mit Ihren Geliebten glücklich zu werden. Deshalb beschließt sie es einige Tage später den Königlichen Eltern zu berichten, dass ihre brave Tochter ein Techtelmechtel mit dem Knappen Robin hat. "Ihr lügt!" Das Königspaar ist äußerlich vor Zorn. "Der Prinz und die Prinzessin sind einander Versprochen. Von Geburt an." Der König lasst den Ritter

Kunibert zu sich bitten. Kurzerhand besticht der König den Ritter Kunibert seinen Knappen aus dem Weg zu schaffen. "Sieht her, es würde mir zugetragen dass die Prinzessin und Euren Knappen ein Verhältnis miteinander haben!" "Ah, ha!" Betont der Ritter. "Ihr habt mir die Augen geöffnet mein König, wie kann ich euch nur danken?" "Tötet euren Knappen! Als Belohnung bekommt Ihr ein Stück Land." Dieser lässt sich darauf ein, weil er dafür ein Stück Land erhält auf das er schon lange aus ist! Noch in derselben Nacht geht er zu seinen Knappen. "Ich muss euch Töten Robin." "Warum Herr?" Fragt Robin. "Ihr habt eine große Schuld begangen, Ihr habt mit der Prinzessin ein Verhältnis, gestehen!" "Ihr habt recht Herr!" "Dann müsst Ihr

Sterben! Befehl von König Wolfram." Noch in derselben Nacht tötete er den Knappen, und zwei Tage später wird die Prinzessin mit dem unsympathischen Prinzen getraut. Doch während der Zeremonie stürmt die Zofe zum Altar und erdolcht dem Bräutigam, um den Tod des Knappen zu rächen. Alles endet in Chaos. "Warum diesen Bluttat?" Fragen sich alle, ratlos. "Warum der Bräutigam? Er hat gar nichts damit zu tun?" Sagt der König.

Die Zofe hat den Dolch bei Seite gelegt. Es sieht niemanden dass die Prinzessin den Dolch an sich nimmt. Sie verlässt verstört die Kapelle und verschwindet auf ihr Gemach. Dort sticht sie einige Minuten später selbst den Dolch ins

Herzen. Weil sie den Gedanken nicht erträgt, schuld am Tod von zweier Menschen zu sein.

ENDE

12.) 09.Sept. 2009- Heute (2023) Lauterbach, Hessen.

In September 2009 ging ich erneut zur Probearbeit in die Behindertenwerkstatt, nachdem ich von eine Straße in eine andere Straße in meiner Stadt noch mal umgezogen bin. Irgendwann danach kehrte ich endgültig in die Werkstatt zurück, bis ich mein Rentenalter von 65 Jahren erreichte,

Die ganze Zeit über nahm ich an einem Programm namens „Betreutes Wohnen" teil. Man kann in seiner eigenen Zuhause (Wohnung)

wohnen und Hilfe von einem Sozialarbeiter erhalten, der nach Hause kommt und hilft wo „er" oder „sie" kann. Mein letzter Sozialbetreuer war über 25 Jahre mit mir zusammen. Er hilft mir immer noch wo er kann. Wir sind sehr gute Freunde.

...........................................................................

2009:

Als ich 18 Jahre alt war in 1971 sagte meine Vater zu mir ich wäre eine Hure, eine Schlampe, ein Bitch und auch noch Lesbisch nur weil ich mich mit meine Lehrerin geredet hatte statt auf den Schulhof herum zu machen mit Jungs. Das war doof. Na Gott sei Dank sind die ersten drei Sachen nie wahr geworden. Aber in Herbst 2009 hatte ich endlich erkannt dass ich Lesbisch bin und ich hatte Angst. Ich hatte Angst dass man mich ablehnen könnte oder nicht mehr mit mir zu tun haben wollte. Zudem bin ich so erzogen worden das diese Thema tabu war und schlecht. Es hat sehr lang gedauert und nur mit Hilfe von gute freunde hat mein Kopf endlich verstanden was mein Körper schon wüsste, das Lesbisch sein ist ok. Und trotzdem habe ich bis heute (2024) noch nie mit eine Frau geschlafen oder Sex gehabt außer in meine Träume oder in meine Büchern:"Können Träume Wahr Werden?- Can Dreams Come True?"

**2009**

2009 habe ich eine Kurzgeschichte für ein Rollenspiel geschrieben, das ich online mit Freunden gespielt habe. Es spielte im Weltraum. Ich konnte mir meine eigene Figur aussuchen, sodass ich 2 Figuren die mir von außerirdische

Planeten gefielen nahm und sie zu meinen Eltern machten. Ich hatte alle Fähigkeiten die sie
auch hatten. Es hat Spaß gemacht mit meinen
Freunden zu spielen, aber 2010 mussten wir
mit den Spielen aufhören. Ich kann mich nicht
einmal daran erinnern warum wir mit den Spielen aufhörten.

Ich habe die Geschichte mit meinem Farb-
drucker ausgedruckt, damit ich sie jederzeit lesen konnte. Dann Jahre später, im Jahr 2016,
hatte ich einen Traum der in mein Rollenspiel
passte.

Nachdem ich mich noch über eine Woche an
diesen Traum erinnerte brachte ich es zu Papier. Dann habe ich auf meinen Computer den
zweiten Teil dieser Geschichte geschrieben und

ausgedruckt. Zu diesen Zeitpunkt war die Geschichte nur für mich, so dass alles durcheinander war. Es ging von der Gegenwart in die Vergangenheit, dann in die Zukunft und wieder zurück in die Vergangenheit. Hin und her wie ein Ball, ohne dass es für irgendjemanden außer mir einen Sinn ergab.

Aber zu diesem Zeitpunkt spielte es sowieso keine Rolle, die Geschichte war ja nur für mich. Dann, etwa in Sommer 2021, erzählte ich einer der Sozialschwestern die zu mir kamen von der Geschichte. Sie sagte: „Schöne Geschichte, warum lässt du sie nicht bei einem Verlag drucken damit jeder sie lesen kann?" Ich war dafür noch nicht bereit. Ich hatte das Gefühl, dass die Geschichte noch nicht zu Ende war. Ungefähr zu dieser Zeit hatte ich zwei weitere Träume, die ich zunächst zu Papier brachte. Sie hatten fast die gleiche Hintergrundgeschichte.

Also fing ich an herumzufragen: „Wo kann jemand, der noch nie zuvor ein Buch geschrieben hat, so etwas machen?" Die Besitzerin der Buchhandlung in der ich immer meine Bücher bekam sagte mir wo ich fragen könnte. Also begann ich mit der Arbeit an den beiden Geschichten mit den fast gleichen Hintergründen. Wegen der fast gleichen Hintergründe habe ich diese beiden Geschichten in einem Buch zusammengefasst. Es geht um zwischenmenschlichen Beziehungen zwischen Frauen in beide Geschichten, in die eine Story hatte die Heldin eine 4-Wöchigen Mittel- Meer-Kreuzfahrt trotz ihren Behinderung gewonnen und in Story #2 trifft die Heldin bei einen Konzert auf eine Prinzessin. Aber es brauchte drei Versionen der Geschichten und Bücher, um sie ins „richtige" Deutsch zu bringen.

Meine Buchhändlerin sagte mir wenn ich mir bei meinen RPG-Namen nicht sicher sei ändere sie einfach und auch die Orte. Zu diesen Zeitpunkt hatte ich einen dritten Traum rund um die RPG-Story. Also habe ich diesen Traum auch zu Papier gebracht. Damals begann ich mit der Arbeit am Rollenspiel, es war im Winter 2021/2022. Ich fing mehrmals an, die Geschichte neu zu arrangieren, damit sie einigermaßen Sinn ergab. Es dauerte auch Hier 3 Runden auf Deutsch, um dieses Buch richtig zu machen. Es gibt nur eine Version auf Englisch.

Alle meine Bücher sind auf Englisch und Deutsch erhältlich. Von mir geschrieben und übersetzt.

Meine Bücher sind: 1.) „Können Träume Wahr Werden? – Oder Liebe auf den ersten Blick! Es gibt zwei Geschichten in einem Buch mit fast demselben Hintergrund. 2.) Résumé – Oder Die Geschichte meines Lebens, mein Lebenslauf. 3.) Alles nur Theater! 3 Kurze Theaterstücke. Und zu guter Letzt die RPG-Story. Die Rückkehr des Nehrus CBA-5142. Die gleichen Bücher sind auch auf Englisch erhältlich.

Nun, wie sagt Percys Pig von den Loony Toons: „That's All Folks!" Es war Porky Pig, der das gesagt hat, oder? Oder bin ich zu alt, um mich auch daran zu erinnern?

Ich wünsche Ihnen viel Spaß beim Lesen dieses und die anderen Büchern als Taschenbüchern und als E-Book auf Ihrem Kindle-Reader.

Mit freundlichen Grüßen, B. E. Wasner, im Jahre 2023.

# 2009 Zuhause

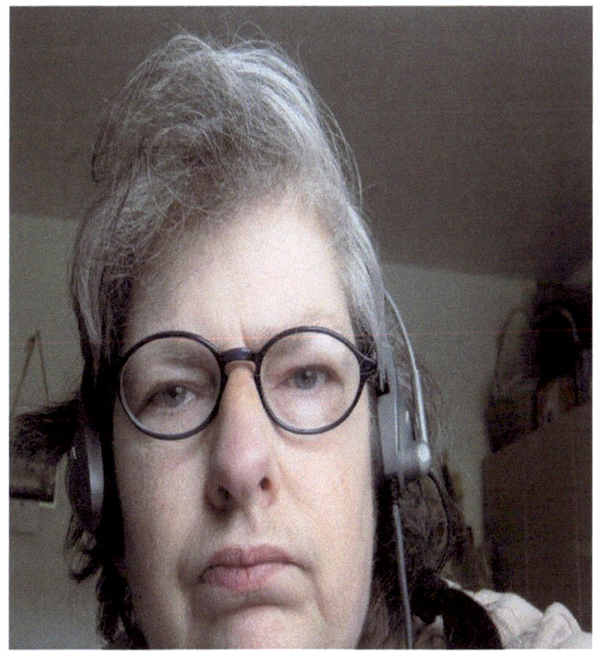

2010

2011

## 04.11.2023

Ein großes Loch hat sich unter meinen Füßen auf getan, ein schwarzes Loch.

Ein guter und lang jährige Freund von mir kämpft sein letzte Kämpft. Er ist ein Kämpfer, aber wie dieser Kampf endet, weiß nur Gott alleine. Ich bete für ihn und seine Familie und hoffe auf diesen Weg kraft zu geben.

Wir lernten uns kennen 2010. Meinen Interesse auf Internet Chats war zu dieser zeit nicht sehr groß, ich hatte mir schon einige zu dieser zeit gesehen und mir auch einige Web-Radios gehört. Ich war sogar kurzzeitige Modi bei der eine oder anderen, bis es Probleme gab. Das war 2009-2010 in Winter.

Beim zweiten Web-Radio ging es etwas besser mit den Senden, ich war sogar Sommer 2010 mit auf den Modi Treffen. Das war schön. Da bin ich durch Zufall in Sommer 2010 in den Chat von noch einem Web-Radio gekommen. Die Leute in diesen Chat waren sehr nett und die Musik super. Der Inhaber dieses Radio war

Flummy. Anfang September 2010 würde ich Modi auf Probe aufgenommen und an einen Samstagabend zur Hauptsendezeit um 20:00 Uhr mit meiner ersten Sendung ins kalte Wasser geworfen, es war der Geburtstag von Flummy. Mehr als 10 Jahren sind aus dieser Probezeit geworden mit Höhen und Tiefen, Sondersendungen zu Weihnachten usw. Alle Sendungen mit Ansagen in Deutsch und Englisch.

Ein Jahr später hatte ich das große Glück einige von diesen Leuten persönlich kennen zu lernen. Mein Freund Flummy war der Gastgeber.

Es war ein unvergessliches Wochenende mit Flummy, Diddl und co. Mit einigem von diesen Personen bin ich heute noch gut befreundet.

In Sommer 2011 könnte ich bei einem Grill Wochenende dabei sein als Modi, mit andern aus dieser Chat und Radio. Es war super.

Kurz nach dem Jahreswechsel 2010-2011 bewahrte mich Flummy davor eine große Dummheit zu machen, dafür bin ich ihn heute noch dankbar. Es gab einige Momente in unsere Freundschaft wo man heraus fand wer die "wahren" Freunde sind. Wenn ich jemanden brauchte war Flummy für mich da wenn es möglich war. Ihm war es egal ob ich anders war als anderen, spricht Behindert.

Ich dürfte 3 Jahre lang Modi bei diesen Grill Treffen sein. Das letzte Mal in denn Jahr als ich 60 Jahre alt wurde. In diesem Jahr hatte ich ei-ner großen Überraschung für die Leute als ob ich ahnte dass es mein letztes Treffen sein werden sollte. Es waren tolle Jahren mit euch die ich nie vergessen werde. Danke für diese wunderschöne Zeit und eure Freundschaft.

IN LIEBE EURE HASE!!!

Während der Ersten Vorbereitungszeit zum Buch ist mein Freund verstorben. Seine Frau Diddl hatte in Nachruf einen sehr passenden Spruch von einen sehr bekannten Deutsche Dichter.

R.I.P. mein Freund. Ruhe in Frieden.

* * * * * * * * * * * * * * * * * * * * * * * * * * * * * * * * *